사랑을 담아

_______________________________ 에게 드립니다.

결혼 안에서 주님을 만나다

모든 겸손과 온유로 하고 오래 참음으로
사랑 가운데서 서로 용납하고
평안의 매는 줄로
성령이 하나 되게 하신 것을 힘써 지키라

에베소서 4장 2-3절

무엇보다도 뜨겁게 서로 사랑할지니
사랑은 허다한 죄를 덮느니라

베드로전서 4장 8절

너희도 각각 자기의 아내 사랑하기를
자신같이 하고
아내도 자기 남편을 존경하라

에베소서 5장 33절

이제 둘이 아니요 한 몸이니
그러므로 하나님이 짝지어 주신 것을
사람이 나누지 못할지니라

마태복음 19장 6절

남편들아 아내 사랑하기를
그리스도께서 교회를 사랑하시고
그 교회를 위하여 자신을 주심같이 하라

에베소서 5장 25절

그에게는 영이 충만하였으나
오직 하나를 만들지 아니하셨느냐
어찌하여 하나만 만드셨느냐
이는 경건한 자손을 얻고자 하심이라
그러므로 네 심령을 삼가 지켜
어려서 맞이한 아내에게
거짓을 행하지 말지니라

말라기 2장 15절

내가 그들 안에 있고
아버지께서 내 안에 계시어
그들로 온전함을 이루어
하나가 되게 하려 함은
아버지께서 나를 보내신 것과
또 나를 사랑하심같이 그들도 사랑하신 것을
세상으로 알게 하려 함이로소이다

요한복음 17장 23절

사랑은 오래 참고 사랑은 온유하며
시기하지 아니하며
사랑은 자랑하지 아니하며
교만하지 아니하며
무례히 행하지 아니하며
자기의 유익을 구하지 아니하며
성내지 아니하며
악한 것을 생각하지 아니하며
불의를 기뻐하지 아니하며
진리와 함께 기뻐하고
모든 것을 참으며 모든 것을 믿으며
모든 것을 바라며 모든 것을 견디느니라

고린도전서 13장 4-7절

남편들아 이와 같이 지식을 따라
너희 아내와 동거하고
그를 더 연약한 그릇이요 또 생명의 은혜를
함께 이어받을 자로 알아 귀히 여기라
이는 너희 기도가
막히지 아니하게 하려 함이라

베드로전서 3장 7절

사랑 안에 두려움이 없고
온전한 사랑이 두려움을 내쫓나니
두려움에는 형벌이 있음이라
두려워하는 자는 사랑 안에서
온전히 이루지 못하였느니라

요한일서 4장 18절

두 사람이 한 사람보다 나음은
그들이 수고함으로
좋은 상을 얻을 것임이라

전도서 4장 9절

누구든지 자기 친족 특히 자기 가족을
돌보지 아니하면 믿음을 배반한 자요
불신자보다 더 악한 자니라

디모데전서 5장 8절

모든 지킬 만한 것 중에
더욱 네 마음을 지키라
생명의 근원이 이에서 남이니라

잠언 4장 23절

나의 하나님이 그리스도 예수 안에서
영광 가운데 그 풍성한 대로
너희 모든 쓸 것을 채우시리라

빌립보서 4장 19절

한 사람이면 패하겠거니와
두 사람이면 맞설 수 있나니
세 겹 줄은 쉽게 끊어지지 아니하느니라

전도서 4장 12절

너는 범사에 그를 인정하라
그리하면 네 길을 지도하시리라

잠언 3장 6절

너희는 먼저 그의 나라와 그의 의를 구하라
그리하면 이 모든 것을 너희에게 더하시리라

마태복음 6장 33절

내가 내 언약을
나와 너 및 네 대대 후손 사이에 세워서
영원한 언약을 삼고
너와 네 후손의 하나님이 되리라

창세기 17장 7절

오늘 내가 네게 명령하는
여호와의 규례와 명령을 지키라
너와 네 후손이 복을 받아
네 하나님 여호와께서
네게 주시는 땅에서 한없이 오래 살리라

신명기 4장 40절

의인의 아비는 크게 즐거울 것이요
지혜로운 자식을 낳은 자는
그로 말미암아 즐거울 것이니라

잠언 23장 24절

누가 현숙한 여인을 찾아 얻겠느냐
그의 값은 진주보다 더하니라

잠언 31장 10절

그리스도를 경외함으로 피차 복종하라

에베소서 5장 21절

아내들아
이와 같이 자기 남편에게 순종하라
이는 혹 말씀을 순종하지 않는 자라도
말로 말미암지 않고
그 아내의 행실로 말미암아
구원을 받게 하려 함이니
너희의 두려워하며 정결한 행실을 봄이라

베드로전서 3장 1-2절

믿음이 없이는
하나님을 기쁘시게 하지 못하나니
하나님께 나아가는 자는
반드시 그가 계신 것과
또한 그가 자기를 찾는 자들에게
상 주시는 이심을 믿어야 할지니라

히브리서 11장 6절

마땅히 행할 길을 아이에게 가르치라
그리하면 늙어도 그것을 떠나지 아니하리라

잠언 22장 6절

아내를 얻는 자는 복을 얻고
여호와께 은총을 받는 자니라

잠언 18장 22절

자녀들아
주 안에서 너희 부모에게 순종하라
이것이 옳으니라
네 아버지와 어머니를 공경하라
이것은 약속이 있는 첫 계명이니
이로써 네가 잘되고 땅에서 장수하리라

에베소서 6장 1-3절

너희가 내 안에 거하고
내 말이 너희 안에 거하면
무엇이든지 원하는 대로 구하라
그리하면 이루리라

요한복음 15장 7절

자녀들아
우리가 말과 혀로만 사랑하지 말고
행함과 진실함으로 하자

요한일서 3장 18절

집은 지혜로 말미암아 건축되고
명철로 말미암아 견고하게 되며
또 방들은 지식으로 말미암아
각종 귀하고 아름다운 보배로
채우게 되느니라

잠언 24장 3-4절

남편은 그 아내에 대한 의무를 다하고
아내도 그 남편에게 그렇게 할지라
아내는 자기 몸을 주장하지 못하고
오직 그 남편이 하며
남편도 그와 같이 자기 몸을 주장하지 못하고
오직 그 아내가 하나니 서로 분방하지 말라

고린도전서 7장 3-5절

아무 일에든지 다툼이나 허영으로 하지 말고
오직 겸손한 마음으로
각각 자기보다 남을 낫게 여기고
각각 자기 일을 돌볼뿐더러
또한 각각 다른 사람들의 일을 돌보아
나의 기쁨을 충만하게 하라

빌립보서 2장 3-4절

형통한 날에는 기뻐하고
곤고한 날에는 되돌아보아라
이 두 가지를 하나님이 병행하게 하사
사람이 그의 장래 일을
능히 헤아려 알지 못하게 하셨느니라

전도서 7장 14절

고운 것도 거짓되고 아름다운 것도 헛되나
오직 여호와를 경외하는 여자는
칭찬을 받을 것이라

잠언 31장 30절

온전하게 행하는 자가 의인이라
그의 후손에게 복이 있느니라

잠언 20장 7절

우리가 사랑함은
그가 먼저 우리를 사랑하셨음이라

요한일서 4장 19절

여호와를 경외하는 자에게는
견고한 의뢰가 있나니
그 자녀들에게 피난처가 있으리라

잠언 14장 26절

여호와께서 집을 세우지 아니하시면
세우는 자의 수고가 헛되며
여호와께서 성을 지키지 아니하시면
파수꾼의 깨어 있음이 헛되도다

시편 127편 1절

집과 재물은 조상에게서 상속하거니와
슬기로운 아내는
여호와께로서 말미암느니라

잠언 19장 14절

돈을 사랑하지 말고
있는 바를 족한 줄로 알라
그가 친히 말씀하시기를
내가 결코 너희를 버리지 아니하고
너희를 떠나지 아니하리라 하셨느니라

히브리서 13장 5절

여호와의 인자와 긍휼이 무궁하시므로
우리가 진멸되지 아니함이니이다
이것들이 아침마다 새로우니
주의 성실하심이 크시도소이다

예레미야애가 3장 22-23절

너희 말을 항상 은혜 가운데서
소금으로 맛을 냄과 같이 하라
그리하면 각 사람에게
마땅히 대답할 것을 알리라

골로새서 4장 6절

지금까지는 너희가 내 이름으로
아무것도 구하지 아니하였으나
구하라 그리하면 받으리니
너희 기쁨이 충만하리라

요한복음 16장 24절

서로 친절하게 하며 불쌍히 여기며
서로 용서하기를
하나님이 그리스도 안에서
너희를 용서하심과 같이 하라

에베소서 4장 32절

사랑하는 자여 네 영혼이 잘됨같이
네가 범사에 잘되고 강건하기를
내가 간구하노라

요한삼서 1장 2절

믿음의 선한 싸움을 싸우라
영생을 취하라
이를 위하여 네가 부르심을 받았고
많은 증인 앞에서 선한 증언을 하였도다

디모데전서 6장 12절

여호와는 너를 지키시는 이시라
여호와께서 네 오른쪽에서
네 그늘이 되시나니
낮의 해가 너를 상하게 하지 아니하며
밤의 달도 너를 해치지 아니하리로다

시편 121편 5-6절

우리가 살아도 주를 위하여 살고
죽어도 주를 위하여 죽나니
그러므로 사나 죽으나 우리가 주의 것이로다

로마서 14장 8절

인내를 온전히 이루라
이는 너희로 온전하고 구비하여
조금도 부족함이 없게 하려 함이라

야고보서 1장 4절

그리스도께서 너희를 사랑하신 것같이
너희도 사랑 가운데서 행하라
그는 우리를 위하여 자신을 버리사
향기로운 제물과 희생 제물로
하나님께 드리셨느니라

에베소서 5장 2절

우리가 선을 행하되 낙심하지 말지니
포기하지 아니하면 때가 이르매 거두리라
그러므로 우리는 기회 있는 대로
모든 이에게 착한 일을 하되
더욱 믿음의 가정들에게 할지니라

갈라디아서 6장 9-10절

하나님의 뜻은 이것이니
너희의 거룩함이라
곧 음란을 버리고 각각 거룩함과
존귀함으로 자기의 아내 대할 줄을 알고

데살로니가전서 4장 3-4절

주께서 생명의 길을 내게 보이시리니
주의 앞에는 충만한 기쁨이 있고
주의 오른쪽에는
영원한 즐거움이 있나이다

시편 16편 11절

남자가 부모를 떠나

그의 아내와 합하여

둘이 한 몸을 이룰지로다

아담과 그의 아내 두 사람이 벌거벗었으나

부끄러워하지 아니하니라

창세기 2장 24-25절

너희에게 인내가 필요함은
너희가 하나님의 뜻을 행한 후에
약속하신 것을 받기 위함이라

히브리서 10장 36절

너희가 짐을 서로 지라
그리하여 그리스도의 법을 성취하라

갈라디아서 6장 2절

자기의 재물을 의지하는 자는
패망하려니와
의인은 푸른 잎사귀 같아서
번성하리라

잠언 11장 28절

사랑하는 자들아
하나님이 이같이 우리를 사랑하셨은즉
우리도 서로 사랑하는 것이 마땅하도다

요한일서 4장 11절

몸이 하나요 성령도 한 분이시니
이와 같이 너희가 부르심의 한 소망 안에서
부르심을 받았느니라

에베소서 4장 4절

아내들아 남편에게 복종하라
이는 주 안에서 마땅하니라
남편들아 아내를 사랑하며 괴롭게 하지 말라

골로새서 3장 18-19절

네 하나님 여호와께서 네게 주시는 땅에
들어가거든 너는 그 민족들의
가증한 행위를 본받지 말 것이니

신명기 18장 9절

너희는 기쁨으로 나아가며
평안히 인도함을 받을 것이요
산들과 언덕들이 너희 앞에서 노래를
발하고 들의 모든 나무가 손뼉을 칠 것이며

이사야 55장 12절

흩어 구제하여도
더욱 부하게 되는 일이 있나니
과도히 아껴도 가난하게 될 뿐이니라
구제를 좋아하는 자는 풍족하여질 것이요
남을 윤택하게 하는 자는
자기도 윤택하여지리라

잠언 11장 24-25절

너희는 스스로 조심하라
그렇지 않으면 방탕함과 술 취함과
생활의 염려로
마음이 둔하여지고
뜻밖에 그날이 덫과 같이
너희에게 임하리라

누가복음 21장 34절

오직 성령의 열매는 사랑과 희락과 화평과
오래 참음과 자비와 양선과 충성과 온유와
절제니 이같은 것을 금지할 법이 없느니라

갈라디아서 5장 22-23절

오직 사랑 안에서 참된 것을 하여
범사에 그에게까지 자랄지라
그는 머리니 곧 그리스도라

에베소서 4장 15절

목숨을 위하여
무엇을 먹을까 무엇을 마실까
몸을 위하여 무엇을 입을까 염려하지 말라
목숨이 음식보다 중하지 아니하며
몸이 의복보다 중하지 아니하냐

마태복음 6장 25절

어느 때나 하나님을 본 사람이 없으되
만일 우리가 서로 사랑하면
하나님이 우리 안에 거하시고
그의 사랑이 우리 안에
온전히 이루어지느니라

요한일서 4장 12절

내가 여호와께 바라는 한 가지 일
그것을 구하리니 곧 내가 내 평생에
여호와의 집에 살면서
여호와의 아름다움을 바라보며
그의 성전에서 사모하는 그것이라

시편 27편 4절

네 재물과 네 소산물의 처음 익은 열매로
여호와를 공경하라
그리하면 네 창고가 가득히 차고
네 포도즙 틀에 새 포도즙이 넘치리라

잠언 3장 9-10절

하나님께서 지으신 모든 것이 선하매
감사함으로 받으면 버릴 것이 없나니
하나님의 말씀과 기도로 거룩하여짐이라

디모데전서 4장 4-5절

너희 빛이 사람 앞에 비치게 하여
그들로 너희 착한 행실을 보고
하늘에 계신 너희 아버지께
영광을 돌리게 하라

마태복음 5장 16절

노하기를 더디 하는 것이 사람의 슬기요
허물을 용서하는 것이 자기의 영광이니라

잠언 19장 11절

너는 청년의 때에 너의 창조주를 기억하라
곧 곤고한 날이 이르기 전에,
나는 아무 낙이 없다고 할 해들이
가깝기 전에 해와 빛과 달과 별들이
어둡기 전에, 비 뒤에 구름이 다시
일어나기 전에 그리하라

전도서 12장 1-2절

그들로 젊은 여자들을 교훈하되
그 남편과 자녀를 사랑하며
신중하며 순전하며 집안일을 하며
선하며 자기 남편에게 복종하게 하라
이는 하나님의 말씀이
비방을 받지 않게 하려 함이라

디도서 2장 4-5절

너는 이와 같이
젊은 남자들을 신중하도록 권면하되
범사에 네 자신이 선한 일의 본을 보이며
교훈에 부패하지 아니함과 단정함과
책망할 것이 없는 바른 말을 하게 하라
이는 대적하는 자로 하여금 부끄러워
우리를 악하다 할 것이 없게 하려 함이라

디도서 2장 6-8절

네 샘으로 복되게 하라
네가 젊어서 취한 아내를 즐거워하라
그는 사랑스러운 암사슴 같고
아름다운 암노루 같으니
너는 그의 품을 항상 족하게 여기며
그의 사랑을 항상 연모하라

잠언 5장 18-19절

여호와께서 이르시되
내가 내 모든 선한 것을
네 앞으로 지나가게 하고
여호와의 이름을 네 앞에 선포하리라
나는 은혜 베풀 자에게 은혜를 베풀고
긍휼히 여길 자에게
긍휼을 베푸느니라

출애굽기 33장 19절

낮에와 같이 단정히 행하고
방탕하거나 술 취하지 말며 음란하거나
호색하지 말며 다투거나 시기하지 말고
오직 주 예수 그리스도로 옷 입고
정욕을 위하여 육신의 일을 도모하지 말라

로마서 13장 13-14절

내가 여호와로 말미암아 크게 기뻐하며
내 영혼이 나의 하나님으로
말미암아 즐거워하리니
이는 그가 구원의 옷을 내게 입히시며
공의의 겉옷을 내게 더하심이
신랑이 사모를 쓰며
신부가 자기 보석으로 단장함
같게 하셨음이라

이사야 61장 10절

서로 대접하기를 원망 없이 하고
각각 은사를 받은 대로
하나님의 여러 가지 은혜를 맡은
선한 청지기같이 서로 봉사하라

베드로전서 4장 9-10절

그리스도의 평강이
너희 마음을 주장하게 하라
너희는 평강을 위하여
한 몸으로 부르심을 받았나니
너희는 또한 감사하는 자가 되라

골로새서 3장 15절

네 마음으로
죄인의 형통을 부러워하지 말고
항상 여호와를 경외하라
정녕히 네 장래가 있겠고
네 소망이 끊어지지 아니하리라

잠언 23장 17-18절

너희가 섬길 자를 오늘 택하라
오직 나와 내 집은 여호와를 섬기겠노라

여호수아 24장 15절

네가 말하기를
여호와는 나의 피난처시라 하고
지존자를 너의 거처로 삼았으므로
화가 네게 미치지 못하며
재앙이 네 장막에 가까이 오지 못하리니
그가 너를 위하여 그의 천사들을 명령하사
네 모든 길에서 너를 지키게 하심이라

시편 91편 9-11절

주 예수를 믿으라
그리하면 너와 네 집이 구원을 받으리라

사도행전 16장 31절

사람에게 보이려고 그들 앞에서
너희 의를 행하지 않도록 주의하라
그리하지 아니하면 하늘에 계신
너희 아버지께 상을 받지 못하느니라

마태복음 6장 1절

내가 오늘 너희에게 명하는 내 명령을
너희가 만일 청종하고
너희의 하나님 여호와를 사랑하여
마음을 다하고 뜻을 다하여 섬기면
여호와께서 너희의 땅에 이른 비,
늦은 비를 적당한 때에 내리시리니
너희가 곡식과 포도주와 기름을
얻을 것이요 또 가축을 위하여
들에 풀이 나게 하시리니
네가 먹고 배부를 것이라

신명기 11장 13-15절

사랑하는 자들아 우리가 서로 사랑하자
사랑은 하나님께 속한 것이니
사랑하는 자마다 하나님으로부터 나서
하나님을 알고
사랑하지 아니하는 자는
하나님을 알지 못하나니
이는 하나님은 사랑이심이라

요한일서 4장 7-8절

너희는 하나님이 택하사
거룩하고 사랑받는 자처럼 긍휼과 자비와
겸손과 온유와 오래 참음을 옷 입고
누가 누구에게 불만이 있거든
서로 용납하여 피차 용서하되
주께서 너희를 용서하신 것같이
너희도 그리하고
이 모든 것 위에 사랑을 더하라
이는 온전하게 매는 띠니라

골로새서 3장 12-14절

어떤 사람에게든지
하나님이 재물과 부요를 그에게 주사
능히 누리게 하시며
제 몫을 받아 수고함으로 즐거워하게
하신 것은 하나님의 선물이라

전도서 5장 19절

너희 아버지의 자비로우심같이
너희도 자비로운 자가 되라

누가복음 6장 36절

하나님의 나라는
먹는 것과 마시는 것이 아니요
오직 성령 안에 있는
의와 평강과 희락이라

로마서 14장 17절

모든 사람은 결혼을 귀히 여기고
침소를 더럽히지 않게 하라
음행하는 자들과 간음하는 자들을
하나님이 심판하시리라

히브리서 13장 4절

만일 우리가 성령으로 살면
또한 성령으로 행할지니
헛된 영광을 구하여 서로 노엽게 하거나
서로 투기하지 말지니라

갈라디아서 5장 25-26절

네 집 안방에 있는 네 아내는
결실한 포도나무 같으며
네 식탁에 둘러앉은 자식들은
어린 감람나무 같으리로다

시편 128편 3절

비판하지 말라 그리하면
너희가 비판을 받지 않을 것이요
정죄하지 말라 그리하면
너희가 정죄를 받지 않을 것이요
용서하라 그리하면
너희가 용서를 받을 것이요

누가복음 6장 37절

내 사랑하는 형제들아 너희가 알지니
사람마다 듣기는 속히 하고
말하기는 더디 하며 성내기도 더디 하라
사람이 성내는 것이
하나님의 의를 이루지 못함이라

야고보서 1장 19-20절

누구든지 나의 이 말을 듣고
행하는 자는 그 집을
반석 위에 지은 지혜로운 사람 같으리니
비가 내리고 창수가 나고 바람이 불어
그 집에 부딪치되 무너지지 아니하나니
이는 주추를 반석 위에 놓은 까닭이요

마태복음 7장 24-25절

여호와께서 시온에서 네게
복을 주실지어다
너는 평생에 예루살렘의 번영을 보며
네 자식의 자식을 볼지어다
이스라엘에게 평강이 있을지로다

시편 128편 5-6절

너는 청년의 정욕을 피하고
주를 깨끗한 마음으로 부르는 자들과 함께
의와 믿음과 사랑과 화평을 따르라

디모데후서 2장 22절

결혼 안에서 주님을 만나다

초판 1쇄 발행 2014년 1월 10일

펴낸이 고영은 박미숙
펴낸곳 뜨인돌출판(주) | 출판등록 1994.10.11(제2011-000185호)
주소 121-896 서울시 마포구 성미산로 6길 45 | 대표전화 02-337-5252 | 팩스 02-337-5868
ISBN 978-89-5807-494-6 00230 | CIP제어번호 : CIP2013027962